Inhaltsverzeichnis

Was reimt sich? Verbinde.

Fisch

Rose

Topf

Tasche

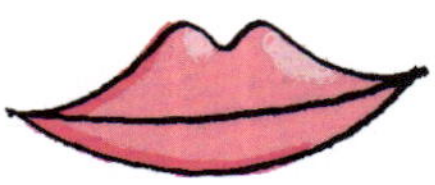
Mund

Nase

Hose

Flasche

Knopf

Hase

Tisch

Hund

korrigiert:

Zeichne die Silbenbögen.

korrigiert:

1 Welchen Anlaut hörst du?

Sprich deutlich.
Hör genau hin.

 ___

 ___

 ___

 ___

 ___

 ___

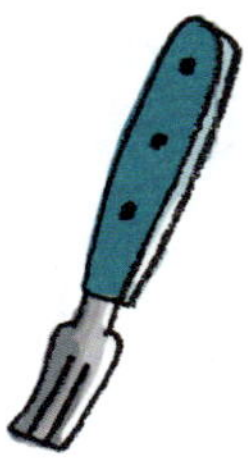 ___

 ___

2 Wo hörst du diese Laute? Kreuze an.

L l

		X

I i

A a

R r

P p

M m

E e

T t

korrigiert: ☆

Laute hören (2)

1 Wie viele Laute hörst du?
Male für jeden Laut einen Kreis.

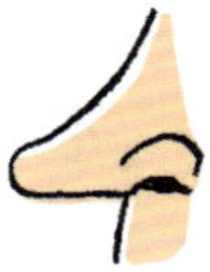

2 Male passende Bilder.

3 Wie viele Laute hörst du?
Verbinde mit den passenden Kreisen.

korrigiert:

Male die Silbenbögen.
Male für jeden Laut einen Kreis.
Schreibe auf.

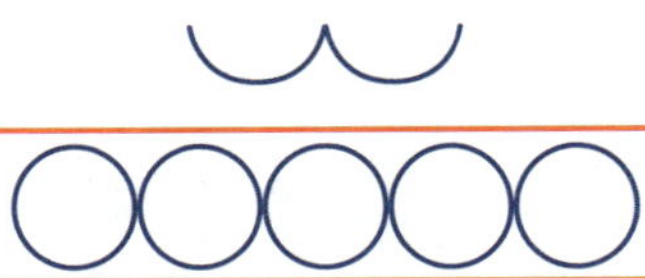

Kamel

Zähle die Laute.
Zähle die Buchstaben.
Was fällt dir auf?

korrigiert:

① Schreibe die Wörter von Seite 48 ab.

② Finde bei diesen Wörtern von Seite 48 die Fehler.
Verbessere.

C
Shwester Klase Fus

Tissch Vogl Himel

korrigiert:

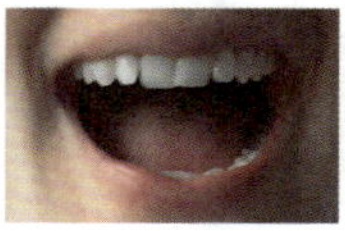

A
a

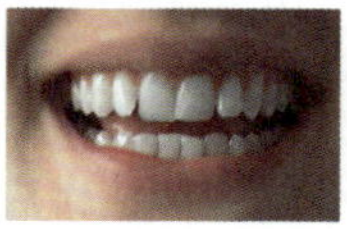

E
e

I
i

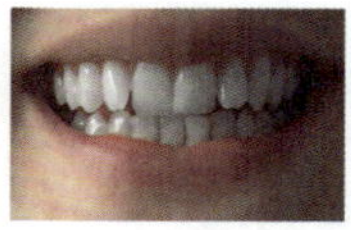

Das sind besondere Buchstaben. Sie bringen die Wörter zum Klingen.

O
o

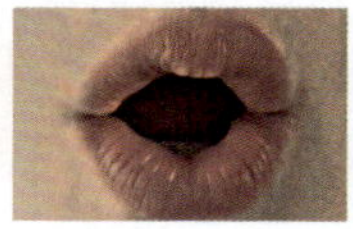

U
u

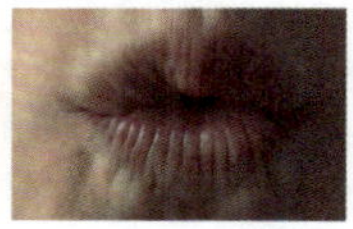

Suche A a, E e, I i, O o, U u.

Schreibe sie gelb nach.

Ananas Uhu

Esel Iris

Pinguin Radio

Melone Iglu

Eskimo Dromedar

korrigiert: ☆

Welche Vokale fehlen?

	A		
H		S	E

K		G		L

N		D		L

H		N	D

① Verwandle die Vokale in Umlaute.

ein Ast A → Ä viele Äste ____

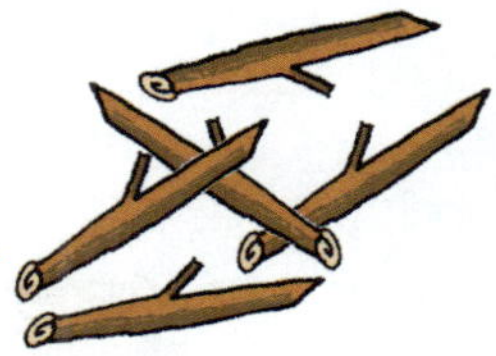

ein Nagel a → ä viele ____

ein Ton o → ö viele ____

ein Koch o → ö viele ____

ein Hut u → ü viele ____

ein Buch u → ü viele ____

korrigiert: ☆

2 Welche Umlaute fehlen?

 Fl___te	 K___fer	 Fl___gel
 B___r	 Gem___se	 L___we

3 In jedem Satz fehlt ein Wort aus Aufgabe 1. Schreibe es.

Ein Vogel hat zwei ____________________.

Der ____________________ hat eine Mähne.

____________________ ist gesund.

Ich übe mit meiner ____________________.

Wörter schreiben (2)

Male die Lautkreise.
Male die Kreise für Vokale orange aus.
Male die Silbenbögen.

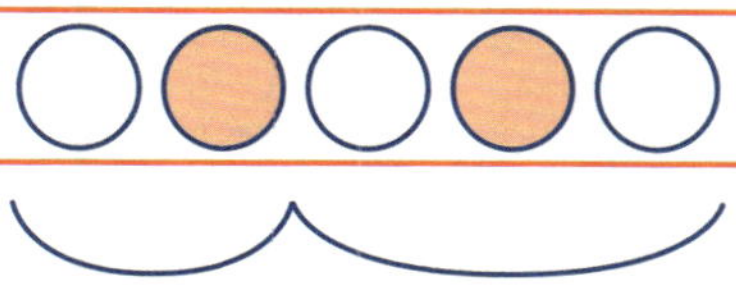

korrigiert: ☆

Wörter schreiben (3)

Male die Lautkreise.
Male die Kreise für Vokale orange aus.
Male die Silbenbögen.
Schreibe auf.

L ö w e

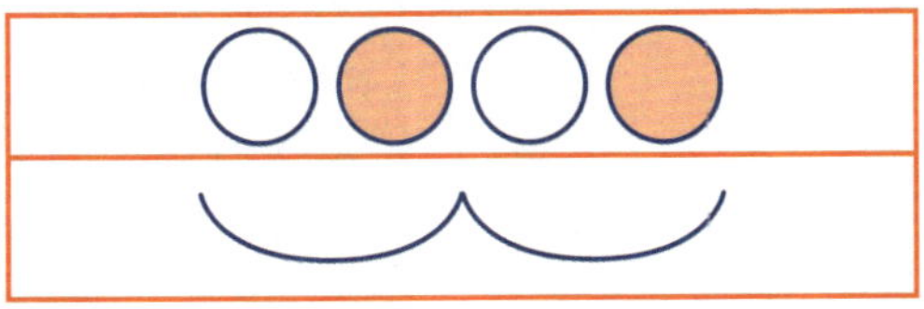

korrigiert: ☆

Zwielaute kennen: Au au

Ein Laut – zwei Buchstaben.

Au/au ist ein Zwielaut
und gehört zu den Vokalen.

Au t o

1 Schreibe die Buchstaben in die Lautkreise.
Male Silbenbögen darunter.

R au

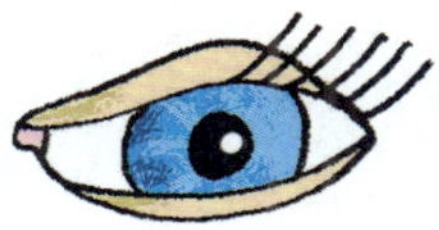

2 Finde weitere Wörter mit Au/au.

korrigiert: ☆

Zwielaute kennen: Ei / ei

1. Schreibe die Buchstaben in die Lautkreise.
   Male Silbenbögen darunter.

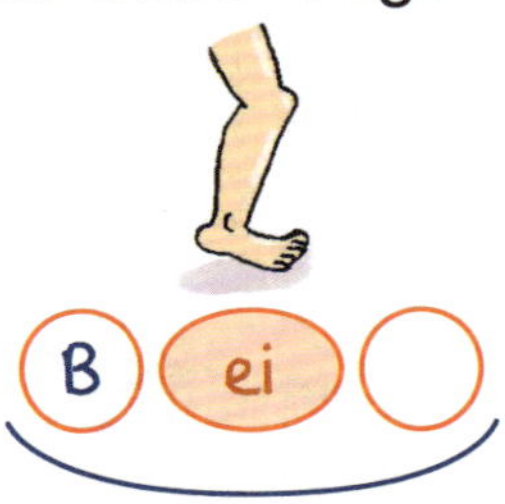

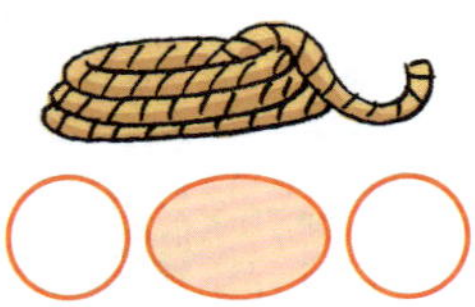

2. Finde weitere Wörter mit Ei / ei.

____

____

____

Umlaute Ä/ä: Ableitungen kennen

① Schreibe die passenden Wörter mit Ä/ä.
Markiere A/a und Ä/ä.

der Bach –  die ______________________

das Glas –  die ______________________

der Mann –  die ______________________

② Schreibe die passenden Wörter mit A/a.
Markiere Ä/ä und A/a.

die Bälle –  der ______________________

die Äste –  der ______________________

die Räder – 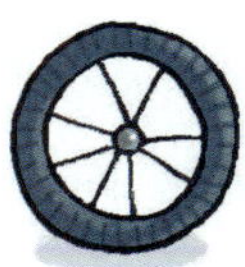 das ______________________

korrigiert: ☆

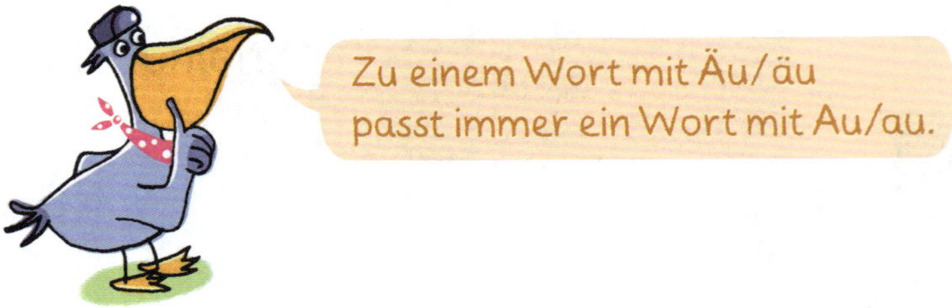

① Schreibe die passenden Wörter mit äu.
Markiere au und äu.

der Strauch –  die ______________________

die Laus –  die ______________________

der Bauch –  die ______________________

② Schreibe die passenden Wörter mit au.
Markiere äu und au.

die Häuser –  das ______________________

die Zäune –  der ______________________

die Mäuse –  die ______________________

korrigiert: ☆

1 Ergänze ng in den Wörtern.
Schreibe sie auf.

der Ri___

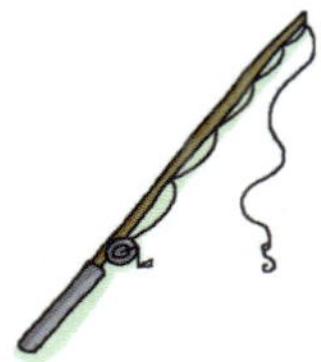

die A___el

die Schla___e

der E___el

2 Zeichne die Silbenbögen in die Wörter ein.
Markiere ng.

Junge	Finger	Angel
Engel	Schlange	Zunge

korrigiert:

Besondere Buchstabengruppen kennen: Sch sch

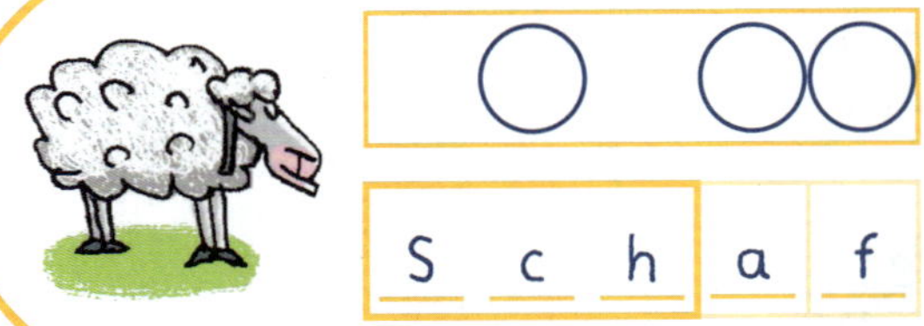

1 Schreibe die Wörter.

2 Schreibe und male deine schönsten Wörter mit Sch / sch.

korrigiert:

Besondere Buchstabengruppen kennen: ch

B u c h

(1) Schreibe die Wörter.

Richtig schreiben lernen mit den Rechtschreib-Stars

Aufbau und Gestaltung der Rechtschreib-Stars

Die Rechtschreib-Stars wecken sowohl durch ihren Aufbau als auch durch ihre Gestaltung die Übungsfreude des Kindes.
Alle wichtigen rechtschriftlichen Lernthemen einer Jahrgangsstufe finden sich in einer sinnvollen Übungsabfolge im Heft. Die Übungen zu einem bestimmten rechtschriftlichen Phänomen werden übersichtlich auf einer Doppelseite angeboten.
Wiederkehrende Übungsformen ermöglichen es dem Kind, die Aufgaben weitgehend ohne Hilfe von Erwachsenen zu lösen. Grundlegende Arbeits- und Lerntechniken werden so kontinuierlich wiederholt, hilfreiche Rechtschreibstrategien entwickelt und gesichert. Diese werden nicht als fertige Regel präsentiert. Vielmehr erhalten die Kinder die Möglichkeit, durch vielfältigen Umgang mit Wörtern Strategien zu entdecken, sie zu überprüfen und anzuwenden.
Mit dem beigelegten Lösungsheft können Lernergebnisse selbstständig kontrolliert und reflektiert werden. Lernbegleiter ist der Pelikan Pepe, er gibt Tipps und Anregungen und macht wichtige Erkenntnisse immer wieder bewusst.

Die Inhalte der Rechtschreib-Stars orientieren sich auch an der Entwicklung der individuellen Fähigkeiten im Richtigschreiben. So wird, auch durch einen flexiblen Einsatz des vorhergehenden und des nachfolgenden Heftes, eine individuelle Förderung des jeweiligen Kindes ermöglicht.

Die farbenfrohe, kindgerechte Gestaltung ermuntert zu selbstständiger und motivierter Arbeit. So setzt das Kind sich kontinuierlich und mit Freude mit den Heftinhalten auseinander und erzielt dadurch individuelle Lernfortschritte, die auch durch die Vielzahl farbiger Illustrationen angebahnt und unterstützt werden.

Wie Kinder richtig schreiben lernen

Anfangs schreiben Kinder wie sie sprechen, sie entwickeln Freude am Schreiben, das Richtigschreiben ist dabei unbedeutend. Erst im Vergleich mit der allgemeingültigen Rechtschreibung und durch gezielt angeregte Reflexion erkennen Kinder, dass viele Wörter anders geschrieben als gesprochen werden.

Neben dem individuellen Zugriff des Kindes kann eine typische Abfolge im Erwerb rechtschriftlicher Kompetenzen angenommen werden, was die folgende Tabelle aufzeigt:

Ein Stufenmodell der Rechtschreibentwicklung

Regelgeleitete Konstruktionen	**„Lernwörter“**	**Bemerkungen**
1. Willkürliche Buchstabenfolgen, „Pseudowörter“ oder Kritzelschrift	Die Buchstaben eines Wortes werden ohne Bezug zum Lautwert auswendig gelernt (z. B. eigener Name). Nur wenige Wörter können erworben werden.	Wegen fehlender Unterstützung durch die gesprochene Sprache kommt es oft zu Buchstabenauslassungen und Umstellungen
2. Erste Versuche, die gesprochene Sprache zu „übersetzen“: *Beginnende* („rudimentäre“) *phonemische Strategie*, z. B. – TG = Tiger – HS = Haus.	Wie unter 1., aber das Auswendiglernen wird schon durch einige erkannte Buchstaben-Laut-Beziehungen gestützt. Immer noch sehr wenige Lernwörter.	Erwerb von Phonem-Graphem-Korrespondenzen
3a. *Entfaltete phonemische Strategie.* Es werden jetzt mehr Laute eines Wortes wiedergegeben, z. B. – WOKE = Wolke, – HUT = Hund.	Phonemisch gestützte Speicherung von Lernwörtern. Beginn der Entwicklung einer „Rechtschreibsprache“; auch visuelle und graphomotorische Lernhilfen	

Lösungen Rechtschreib-Stars 1

(zum Heraustrennen die mittlere Klammer lösen)

Reimen

Was reimt sich? Verbinde.

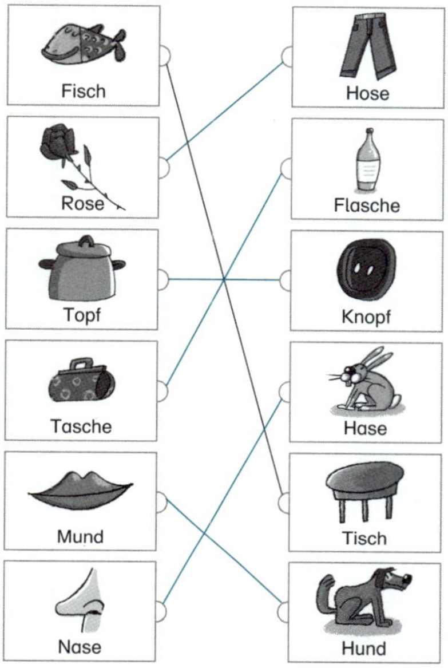

korrigiert: ☆

In Silben sprechen

Zeichne die Silbenbögen.

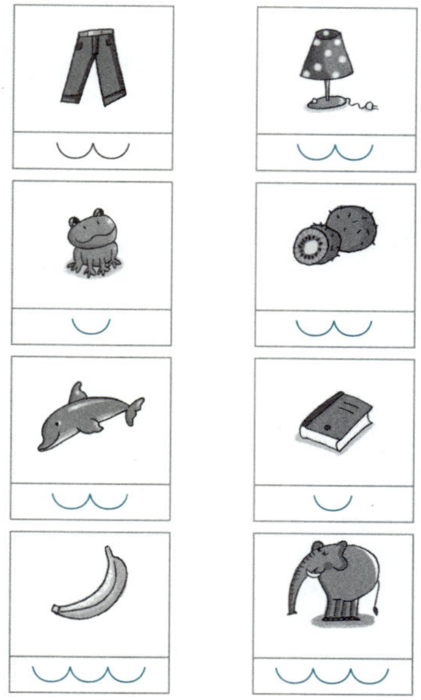

korrigiert: ☆

Laute hören (1)

① Welchen Anlaut hörst du?

② Wo hörst du diese Laute? Kreuze an.

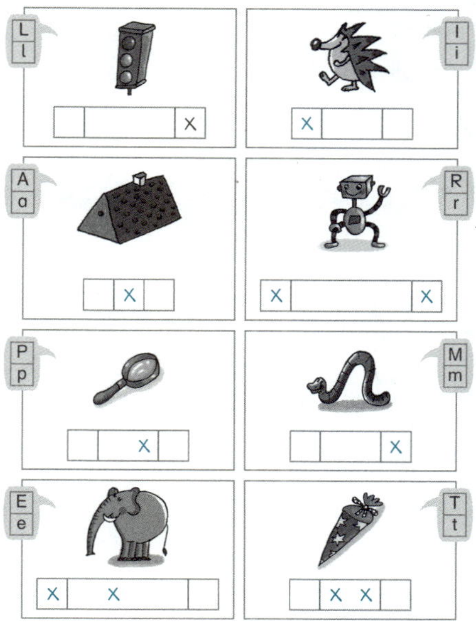

korrigiert: ☆

Laute hören (2)

① Wie viele Laute hörst du?
Male für jeden Laut einen Kreis.

② Male passende Bilder.

Zeige diese Aufgabe einem Erwachsenen.

③ Wie viele Laute hörst du?
Verbinde mit den passenden Kreisen.

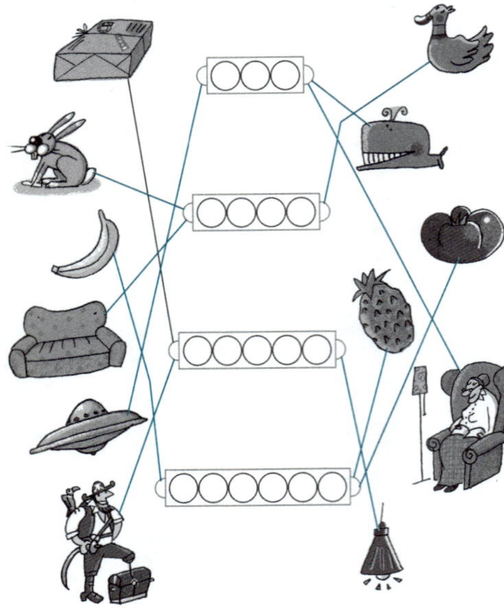

korrigiert:

Wörter schreiben (1)

Male die Silbenbögen.
Male für jeden Laut einen Kreis.
Schreibe auf.

K a m e l

D o s e

L a m p e

H a s e

Es sin gleich viele Laute wie Buchstaben.

W a l

E l e f a n t

R a b e

B a n a n e

T o m a t e

T e l e f o n

Ich höre einen Laut. Ich schreibe einen Buchstaben.

Wörter abschreiben und Fehler finden

① Schreibe die Wörter von Seite 48 ab.

Bruder	Stein
Kopf	Birne
Sonne	Wiese
Hund	Vater
Tasche	Nebel

② Finde bei diesen Wörtern von Seite 48 die Fehler. Verbessere.

Shwester (c)	Klase (s)	Fus (ß)
Tissch	Vogl (e)	Himel (m)

korrigiert: ☆

Vokale kennen

Suche A a, E e, I i, O o, U u.
Schreibe sie gelb nach.

Ananas Uhu Esel Iris Pinguin Radio Melone Iglu Eskimo Dromedar

korrigiert: ☆

Vokale tauschen

Welche Vokale fehlen?

H [A/O] S E

K [E/U] G E L

N [A/U] D E L

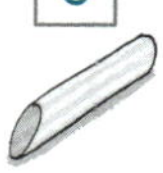

H [U/A] N D

Umlaute kennen

① Verwandle die Vokale in Umlaute.

ein Ast	A → Ä	viele Äste
ein Nagel	a → ä	viele Nägel
ein Ton	o → ö	viele Töne
ein Koch	o → ö	viele Köche
ein Hut	u → ü	viele Hüte
ein Buch	u → ü	viele Bücher

korrigiert: ☆

② Welche Umlaute fehlen?

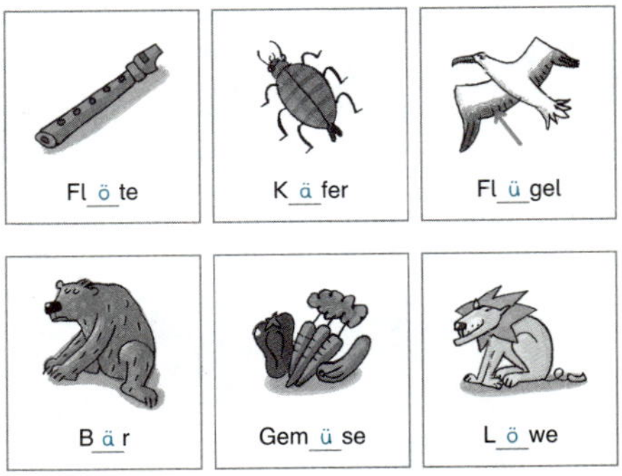

③ In jedem Satz fehlt ein Wort aus Aufgabe 1.
Schreibe es.

Ein Vogel hat zwei Flügel.

Der Löwe hat eine Mähne.

Gemüse ist gesund.

Ich übe mit meiner Flöte.

Ich kenne die drei Umlaute.

Male die Lautkreise.
Male die Kreise für Vokale orange aus.
Male die Silbenbögen.

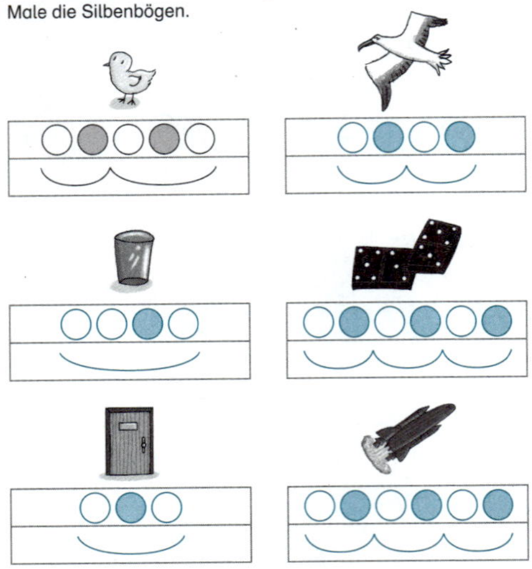

korrigiert: ☆

Male die Lautkreise.
Male die Kreise für Vokale orange aus.
Male die Silbenbögen.
Schreibe auf.

Ich schreibe in jeder Silbe einen Vokal.

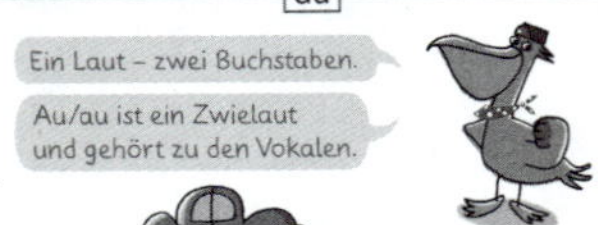

① Schreibe die Buchstaben in die Lautkreise.
Male Silbenbögen darunter.

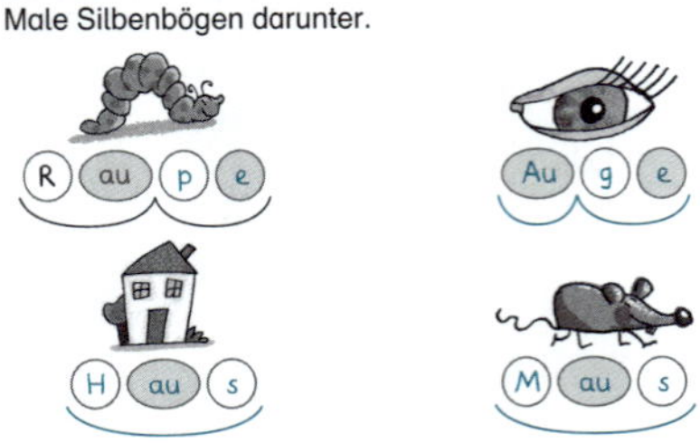

② Finde weitere Wörter mit Au / au.

Traum, blau, Zaun, …

Zeige diese Aufgabe einem Erwachsenen.

korrigiert: ☆

Zwielaute kennen: Ei / ei

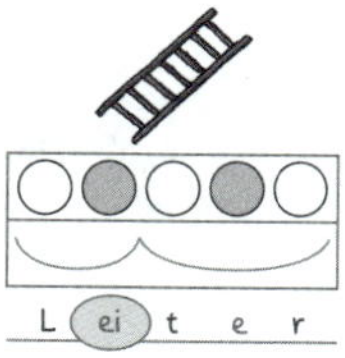

① Schreibe die Buchstaben in die Lautkreise.
Male Silbenbögen darunter.

B ei n

Ei s

S ei l

A m ei s e

② Finde weitere Wörter mit Ei/ei.

Eimer, Brei, Kreis, Reiter, …

Zeige diese Aufgabe einem Erwachsenen.

Umlaute Ä / ä: Ableitungen kennen

① Schreibe die passenden Wörter mit Ä/ä.
Markiere A/a und Ä/ä.

der Bach –  die Bäche

das Glas –  die Gläser

der Mann –  die Männer

② Schreibe die passenden Wörter mit A/a.
Markiere Ä/ä und A/a.

die Bälle –  der Ball

die Äste –  der Ast

die Räder –  das Rad

korrigiert: ☆

Umlaute Äu / äu: Ableitungen kennen

① Schreibe die passenden Wörter mit äu.
Markiere au und äu.

der Strauch –  die Sträucher

die Laus –  die Läuse

der Bauch –  die Bäuche

② Schreibe die passenden Wörter mit au.
Markiere äu und au.

die Häuser –  das Haus

die Zäune –  der Zaun

die Mäuse –  die Maus

korrigiert: ☆

Besondere Buchstabengruppen kennen: ng

① Ergänze ng in den Wörtern.
Schreibe sie auf.

der Ring
der Ring

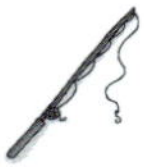
die Angel
die Angel

die Schlange
die Schlange

der Engel
der Engel

② Zeichne die Silbenbögen in die Wörter ein.
Markiere ng.

Junge	Finger	Angel
Engel	Schlange	Zunge

korrigiert: ☆

Besondere Buchstabengruppen kennen: Sch / sch

S c h a f

1 Schreibe die Wörter.

S c h u l e

S c h a l

S c h e r e

S c h r a u b e

T i s c h

F i s c h

T a s c h e

F l a s c h e

2 Schreibe und male deine schönsten Wörter mit Sch / sch.

Zeige diese Aufgabe einem Erwachsenen.

Ich habe viele Wörter mit Sch / sch gefunden.

Besondere Buchstabengruppen kennen: ch

B u c h

1 Schreibe die Wörter.

D a c h

B a c h

K o c h

M i l c h

K u c h e n

D r a c h e n

G e s i c h t

K i r c h e

2 Schreibe und male deine schönsten Wörter mit ch.

Zeige diese Aufgabe einem Erwachsenen.

Ich habe viele Wörter mit ch gefunden.

① Löse die Rätsel.

Ich sehe was, was du nicht siehst ...

… und das ist gelb und rund: der Ball

… und davon gibt es acht: die Kinder

… und er sitzt hinter dem Busch: der Hase

… und sie steht vor der Sonne: die Wolke

… und es bedeckt den Boden: das Gras

② Schreibe die passenden Nomen auf.

 das Buch
 die Blume
 der Opa
 das Auto
 der Rabe
 die Dose
 der Löwe
 die Tube
 das Schaf

③ Ordne die Nomen aus Aufgabe 2.

der Opa, Rabe, Löwe

die Blume, Dose, Tube

das Buch, Auto, Schaf

korrigiert: ☆

① Schreibe die Nomen
in der Einzahl und in der Mehrzahl.

 eine Blume – viele Blumen
 ein Buch – viele Bücher
 ein Wolf – viele Wölfe
 ein Fahrrad – viele Fahrräder
 eine Hose – viele Hosen

② Ergänze die fehlenden Nomen.

eine Tomate – viele Tomaten

ein Telefon – viele Telefone

ein Fenster – viele Fenster

eine Ameise – viele Ameisen

ein Esel – viele Esel

ein Kopf – viele Köpfe

① Schreibe die Sätze von Seite 48 ab.

Der Elefant ist grau.

Der Igel frisst einen Apfel.

Kilian wird sieben Jahre alt.

Lisa und Peter spielen mit dem Ball.

Am Montag gehen wir schwimmen.

② Finde bei diesen Sätzen von Seite 48 die Fehler. Verbessere.

W ~~wir~~ mach(e)n heute eine~~m~~ n Ausflu~~k~~ g.

Im Zo(o) sehen wir viele wild(e) ~~t~~ Tiere.

korrigiert: ☆

Endbausteine richtig schreiben: er

1 Am Ende sind zwei Buchstaben immer gleich. Kreise gelb ein.

 Fenster

 Finger

 Käfer

 Anker

2 Schreibe die Wörter aus Aufgabe 1 zu den richtigen Lautkreisen. Zeichne Silbenbögen.

K ä f e r

F e n s t e r

F i n g e r

A n k e r

3 In jeder Zeile hat sich ein Wort mit er versteckt.

C	O	M	B	A	U	E	R
J	K	Ö	R	P	E	R	M
H	Q	W	I	N	T	E	R
A	N	G	L	E	R	Z	X
F	S	M	A	L	E	R	N
C	B	R	U	D	E	R	O
K	A	L	E	N	D	E	R
U	H	H	E	L	F	E	R

der Bauer — der Kalender

der Winter — der Angler

der Maler — der Bruder

der Körper — der Helfer

Ich passe auf die Endung er auf.

Endbausteine richtig schreiben: el

1 Zwei Buchstaben sind immer gleich. Kreise gelb ein.

 Flügel

 Igel

 Wurzel

 Nebel

2 Schreibe die Wörter aus Aufgabe 1 zu den richtigen Lautkreisen. Zeichne Silbenbögen.

I g e l

W u r z e l

F l ü g e l

N e b e l

3 Löse das Kreuzworträtsel.

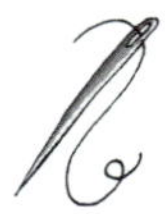

									A
						K			M
			N	U	D	E	L		P
			A			G			E
			D			E	S	E	L
N	A	G	E	L		L			
			L						

4 Verbinde. Markiere die Vokale.

Ga — On — Schna — Vo — Ha

kel — gel — bel — gel — bel

Ich achte auf die Endung el.

Das r hörbar machen

① Schreibe die Wörter und zeichne die Silbenbögen.

Kirche

Garten

Würfel

Kerze

Laterne

Marmelade

Gurke

Murmel

Torte

Perle

② Sprich die Wörter. Zeichne die Silbenbögen.
Markiere das **r**.

lernen	warten
turnen	wärmen
warnen	dürfen
würfeln	arbeiten

korrigiert: ☆

Harte und weiche Konsonanten unterscheiden

① Halte deine Hand nah an den Mund.
Sprich die Konsonanten B b, P p, D d, T t, G g und K k.

② Die Begriffe beginnen mit weichen oder harten Konsonanten. Verbinde.

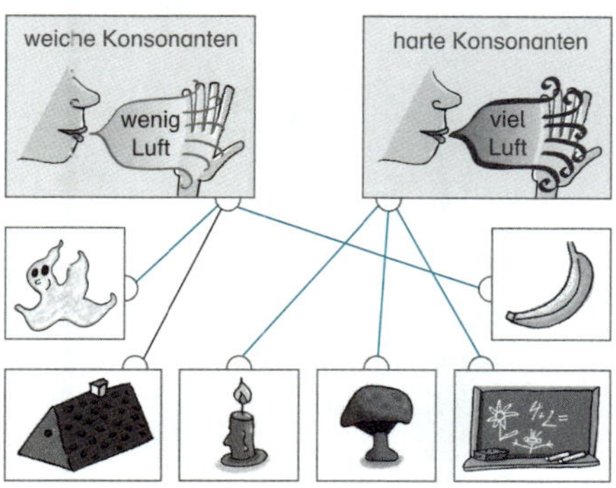

③ Jeweils zwei Konsonanten klingen sehr ähnlich.
Male sie mit derselben Farbe an.

D d G g K k B b T t P p

Harte und weiche Konsonanten unterscheiden: B oder P?

① Sprich die Wörter. Ergänze B oder P.

B lume

P ilz

P alme

B esen

P uppe

B irne

② Schreibe die Wörter aus Aufgabe 1 geordnet auf.

Wörter mit B	Wörter mit P
die Blume	der Pilz
der Besen	die Palme
die Birne	die Puppe

korrigiert: ☆

Harte und weiche Konsonanten unterscheiden: D oder T?

① Sprich die Wörter. Ergänze D oder T.

D ach

T elefon

T omate

D aumen

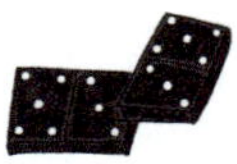
D omino

T urm

② Schreibe die Wörter aus Aufgabe 1 geordnet auf.

Wörter mit D	Wörter mit T
das Dach	das Telefon
der Daumen	die Tomate
das Domino	der Turm

Harte und weiche Konsonanten unterscheiden: G oder K?

① Sprich die Wörter. Ergänze G oder K.

G emüse

K äse

K erze

G urke

K irsche

G abel

② Schreibe die Wörter aus Aufgabe 1 geordnet auf.

Wörter mit G	Wörter mit K
das Gemüse	der Käse
die Gurke	die Kerze
die Gabel	die Kirsche

korrigiert: ☆

Besondere Buchstabengruppen kennen: St / st

① Sprich die Wörter.
Schreibe sie auf.
Markiere **St**.

Stern

Stein

Stift

Storch

Stufe

Stempel

② Lies die Sätze. Markiere St / st.

Stefan steigt auf einen Stein.
Stella sieht Sterne blinken.
Die Kinder stehen stumm da.
Der Storch geht stolz über die Wiese.

③ Schreibe die Sätze von Aufgabe 2.

Stefan steigt auf einen Stein.
Stella sieht Sterne blinken.
Die Kinder stehe stumm da.
Der Storch geht stolz über die Wiese.

korrigiert: ☆

Besondere Buchstabengruppen kennen: Sp sp

1 Sprich die Wörter. Schreibe sie auf. Makiere Sp sp.

Sparschwein

Sport

Specht

Spur

Spaten

Gespenst

2 Lies die Sätze. Markiere Sp sp.

Die Gespenster spuken laut.
Lukas springt gerne mit dem Springseil.
Der Spürhund folgt der Spur.
Lena mag Spinat mit Spiegelei.

3 Schreibe die Sätze von Aufgabe 2.

Die Gespenster spuken laut.
Lukas springt gerne mit dem Springseil.
Der Spürhund folgt der Spur.
Lena mag Spinat mit Spiegelei.

korrigiert: ☆

Besondere Buchstabengruppen kennen: Qu qu

1 Setze Qu qu ein. Schreibe das Wort auf. Markiere Qu qu.

Qu adrat
das Quadrat

Qu elle
die Quelle

Qu artett
das Quartett

Qu ark
der Quark

Qu alle
die Qualle

Qu alm
der Qualm

2 Schreibe Qu qu mit verschiedenen Farben in die Qualle.

3 Verbinde und markiere **qu**.

Enten — quaken

Ferkel — quieken

Kinder — quatschen

Kamine — qualmen

4 Schreibe die Sätze aus Aufgabe 3.

Die Enten quaken.
Die Ferkel quieken.
Die Kinder quatschen.
Die Kamine qualmen.

korrigiert: ☆

Besondere Buchstaben kennen: C c, X x, Y y, V v

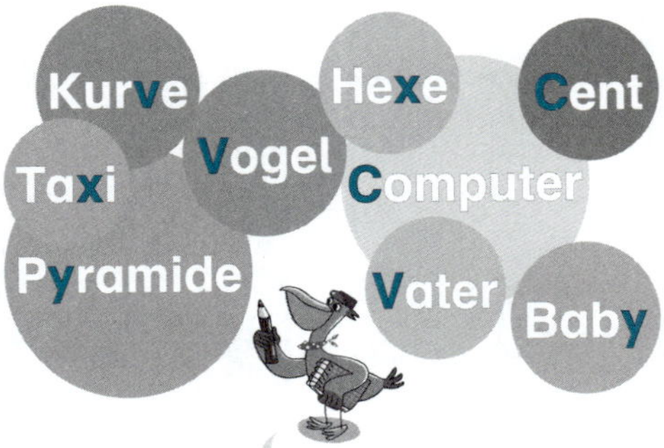

Diese Wörter musst du dir gut merken. Die Buchstaben C/c, V/v, X/x und Y/y sprichst du nicht immer gleich oder du kannst sie mit anderen Buchstaben verwechseln.

① Lies die Wörter.

② Fahre alle C c, V v, X x, Y y farbig nach.

③ Setze die fehlenden Buchstaben ein.

das Ta x i	der V ater	die Kur v e
die P y ramide	der C omputer	das Bab y
der V ogel	die He x e	der C ent

④ Schreibe zu jedem Bild das Wort.
Markiere die besonderen Buchstaben farbig.

 Computer

 Cent

 Pyramide

 Baby

 Taxi

 Hexe

 Vater

 Vogel

 Vase

 Kurve

korrigiert:

Zum Abschreiben und Fehler finden

Wörter zum Abschreiben (zu Seite 10)

Bruder	Stein
Kopf	Birne
Sonne	Wiese
Hund	Vater
Tasche	Nebel

Nach dem Abschreiben immer noch einmal kontrollieren.

Wörter „Fehler finden" (zu Seite 10)

Schwester Klasse Fuß Tisch Vogel Himmel

Sätze zum Abschreiben (zu Seite 29)

Der Elefant ist grau.

Der Igel frisst einen Apfel.

Kilian wird sieben Jahre alt.

Lisa und Peter spielen mit dem Ball.

Am Montag gehen wir schwimmen.

Sätze „Fehler finden" (zu Seite 29)

Wir machen heute einen Ausflug.

Im Zoo sehen wir viele wilde Tiere.

3b. *Voll entfaltete phonemische Strategie*, z. B. lesn = lesen, manchmal Wiedergabe phonetischer Nuancen, z. B. – Phaul = Paul, – Khint = Kind.	Mit zunehmender Entfaltung der phonemischen Strategie können immer mehr Lernwörter gelernt werden. Behalten werden müssen vor allem die *Abweichungen von phonemischen Konstruktionen*, z. B. das zweite <t> in „Bett“, das <e> in „liebe“ etc.	Die phonemische Strategie überwiegt oft das Abrufen von Lernwörtern: phonemische Konstruktionen (z. B. Rola, komt, sie) oft auch bei Lernwörtern aus der Fibel.
4. *Entfaltete phonemische Strategie*, korrigiert durch strukturelle Regelmäßigkeiten, z. B. – le**sen**, – Gab**el**.	Wie 3., zusätzliche Lernhilfe durch Erkennen von strukturellen Regelmäßigkeiten.	Ohne besondere Zuwendung der Aufmerksamkeit (Briefschreiben, Aufsätze) oft Bevorzugung von Konstruktionen über Lernwörter.
5. Wie 4., weiteres Erkennen und Anwenden von orthographischen Strukturen, z. T. explizit vermittelt, z. B. – Auslautverhärtung, – Vorsilben ver-, vor-, – Morpheme -ig, -lich, -ung.	Wie 3a. und 3b., zusätzliche Lernhilfen durch Kenntnisse weiterer orthographischer Regelmäßigkeiten, z. B. – Hun**d**, – **ver**gessen, – fröh**lich**. Leichter Erwerb von Lernwörtern.	Häufig Übertragung der erkannten orthographischen Regelmäßigkeiten auf ungeeignete Fälle („Übergeneralisierungen“), z. B. – Reze**b**t, – **ver**tig, – Str**ung** (Strunk)
6. Allmähliches Überwiegen des Abrufens von Lernwörtern über Konstruktionen („Automatisierung“); Reihenfolge der Buchstaben beim Schreiben wird aber immer noch von der gesprochenen Sprache begleitet und geleitet. Phonemische und orthographische Konstruktionen sind möglich.		

Aus: Ingrid M. Naegele, Renate Valtin, Grundlagen und Grundsätze der Lese-Rechtschreibförderung. LRS – Legasthenie in den Klassen 1–10. Beltz: Weinheim und Basel [6]2003

Im Bemühen richtig zu schreiben, beginnen Kinder, über die Rechtschreibung von Wörtern nachzudenken. Die Rechtschreib-Stars unterstützen diesen Prozess, indem sie Kinder anregen, sich auf einer Metaebene mit Sprache auseinanderzusetzen. Die Annäherung an die rechtschriftliche Norm erfolgt individuell und nicht linear von falsch zu richtig. Fehler sind in diesem Prozess normal, sie geben Hinweise auf die individuelle Lernentwicklung.
Durch das Nachdenken über Geschriebenes wird in einem lebenslangen Prozess das individuelle Rechtschreibverständnis den allgemeinen Rechtschreibkonventionen angeglichen.

Die Rechtschreib-Stars im Unterricht

Die Rechtschreib-Stars können als unterrichtsbegleitende Übungshefte eingesetzt werden.

Hinter den verschiedenen Kapitelfarben verbergen sich die verschiedenen Rechtschreib-Strategien:

türkis: phonologische Bewusstheit
rot: phonologisches und silbisches Prinzip
braun: Arbeitstechniken
orange: phonologisches und silbisches Prinzip – Verschiedenheit von Aussprache und Schreibung
blau: morphologisches Prinzip
lila: grammatisches Prinip
grün: Schreibungen ohne Strategie

Mit der ergänzenden *Lernstandsdiagnose Deutsch 1 Rechtschreibung* kann auf einfache Weise das Kompetenzprofil eines Kindes ermittelt werden. Die elektronische Auswertungshilfe gibt automatisch Hinweise auf die Förderung des einzelnen Schülers, einer Fördergruppe und im Klassenverband.

2 Schreibe und male deine schönsten Wörter mit ch .

korrigiert:

(1) Löse die Rätsel.

Ich sehe was, was du nicht siehst ...

… und das ist gelb und rund: der ____________________

… und davon gibt es acht: die ____________________

… und er sitzt hinter dem Busch: der ____________________

… und sie steht vor der Sonne: die ____________________

… und es bedeckt den Boden: das ____________________

Nomen schreibt man groß.
Sie passen zu der, die oder das.

② Schreibe die passenden Nomen auf.

das ______________

die ______________

der ______________

das ______________

der ______________

die ______________

der ______________

die ______________

das ______________

③ Ordne die Nomen aus Aufgabe 2.

der ______________________________

die ______________________________

das ______________________________

korrigiert: ☆

① Schreibe die Nomen
in der Einzahl und in der Mehrzahl.

 eine ______________ viele ______________

 ein ______________ viele ______________

 ein ______________ viele ______________

 ein ______________ viele ______________

 eine ______________ viele ______________

② Ergänze die fehlenden Nomen.

eine ______________ – viele Tomaten

ein ______________ – viele Telefone

ein ______________ – viele Fenster

eine Ameise – viele ______________

ein Esel – viele ______________

ein Kopf – viele ______________

Wenn ich Sätze abschreibe, merke ich mir immer nur ein Stück. Am Ende kontrolliere ich.

① Schreibe die Sätze von Seite 48 ab.

② Finde bei diesen Sätzen von Seite 48 die Fehler. Verbessere.

W
~~w~~ir machn heute einem Ausfluk.

Im Zo sehen wir viele wild tiere.

korrigiert: ☆

1 Am Ende sind zwei Buchstaben immer gleich. Kreise gelb ein.

Ich höre das er nur, wenn ich deutlich spreche.

Fenster

Finger

Käfer

Anker

2 Schreibe die Wörter aus Aufgabe 1 zu den richtigen Lautkreisen. Zeichne Silbenbögen.

3 In jeder Zeile hat sich ein Wort mit er versteckt.

C	O	M	B	A	U	E	R
J	K	Ö	R	P	E	R	M
H	Q	W	I	N	T	E	R
A	N	G	L	E	R	Z	X
F	S	M	A	L	E	R	N
C	B	R	U	D	E	R	O
K	A	L	E	N	D	E	R
U	H	H	E	L	F	E	R

der B ______________ der K ______________

der W ______________ der A ______________

der M ______________ der B ______________

der K ______________ der H ______________

korrigiert: ☆

1 Zwei Buchstaben sind immer gleich. Kreise gelb ein.

Ich höre das el nur, wenn ich deutlich spreche.

Flügel

Igel

Wurzel

Nebel

2 Schreibe die Wörter aus Aufgabe 1 zu den richtigen Lautkreisen. Zeichne Silbenbögen.

③ Löse das Kreuzworträtsel.

④ Verbinde. Markiere die Vokale.

Ga	On	Schna	Vo	Ha

kel	gel	bel	gel	bel

korrigiert:

Das **r** hörbar machen

Nach Vokalen: deutlich sprechen hilft.

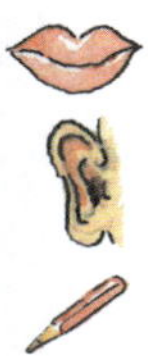

1 Schreibe die Wörter und zeichne die Silbenbögen.

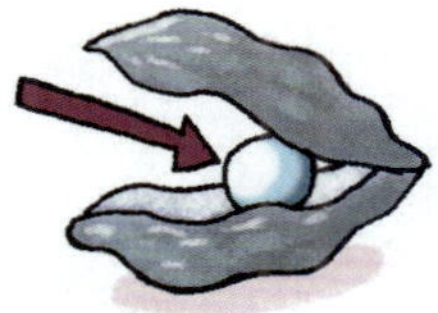

2 Sprich die Wörter. Zeichne die Silbenbögen.
Markiere das **r**.

lernen	warten
turnen	wärmen
warnen	dürfen
würfeln	arbeiten

korrigiert:

① Halte deine Hand nah an den Mund.

Sprich die Konsonanten B b, P p, D d, T t, G g und K k.

② Die Begriffe beginnen mit weichen oder harten Konsonanten. Verbinde.

weiche Konsonanten

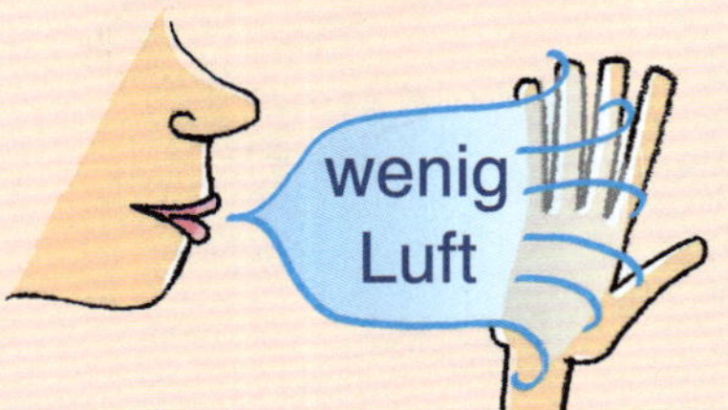

harte Konsonanten

③ Jeweils zwei Konsonanten klingen sehr ähnlich. Male sie mit derselben Farbe an.

D	G	K	B	T	P
d	g	k	b	t	p

Harte und weiche Konsonanten unterscheiden: B oder P?

① Sprich die Wörter. Ergänze B oder P.

___lume

___ilz

___alme

___esen

___uppe

___irne

② Schreibe die Wörter aus Aufgabe 1 geordnet auf.

Wörter mit B	Wörter mit P
___	___
___	___
___	___

korrigiert: ☆

Harte und weiche Konsonanten unterscheiden: D oder T?

(1) Sprich die Wörter. Ergänze D oder T.

___ach

___elefon

___omate

___aumen

___omino

___urm

(2) Schreibe die Wörter aus Aufgabe 1 geordnet auf.

Wörter mit D	Wörter mit T
______________________	______________________
______________________	______________________
______________________	______________________

1 Sprich die Wörter. Ergänze G oder K.

___emüse

___äse

___erze

___urke

___irsche

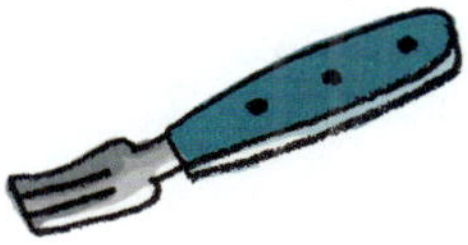

___abel

2 Schreibe die Wörter aus Aufgabe 1 geordnet auf.

Wörter mit G	Wörter mit K
___	___
___	___
___	___

korrigiert:

Besondere Buchstabengruppen kennen: St / st

1 Sprich die Wörter.
Schreibe sie auf.
Markiere **St**.

Stern

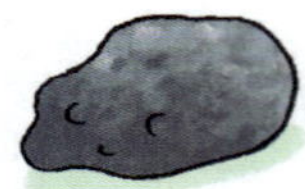

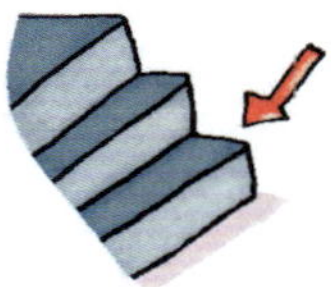

2 Lies die Sätze. Markiere St / st .

Stefan steigt auf einen Stein.

Stella sieht Sterne blinken.

Die Kinder stehen stumm da.

Der Storch geht stolz über die Wiese.

3 Schreibe die Sätze von Aufgabe 2.

korrigiert:

Besondere Buchstabengruppen kennen: Sp / sp

1. Sprich die Wörter. Schreibe sie auf. Makiere Sp / sp.

Sparschwein

2 Lies die Sätze. Markiere Sp / sp.

Die Gespenster spuken laut.

Lukas springt gerne mit dem Springseil.

Der Spürhund folgt der Spur.

Lena mag Spinat mit Spiegelei.

3 Schreibe die Sätze von Aufgabe 2.

korrigiert:

Besondere Buchstabengruppen kennen: Qu/qu

(1) Setze Qu/qu ein. Schreibe das Wort auf. Markiere Qu/qu.

___adrat

das ____________

___elle

die ____________

___artett

das ____________

___ark

der ____________

___alle

die ____________

___alm

der ____________

(2) Schreibe Qu/qu mit verschiedenen Farben in die Qualle.

3 Verbinde und markiere **qu**.

	Enten ○	○ quatschen
	Ferkel ○	○ qualmen
	Kinder ○	○ quaken
	Kamine ○	○ quieken

4 Schreibe die Sätze aus Aufgabe 3.

____

____

____

____

korrigiert: ☆

Besondere Buchstaben kennen: Cc Xx Yy Vv

Diese Wörter musst du dir gut merken. Die Buchstaben C/c, V/v, X/x und Y/y sprichst du nicht immer gleich oder du kannst sie mit anderen Buchstaben verwechseln.

① Lies die Wörter.

② Fahre alle Cc, Vv, Xx, Yy farbig nach.

!! ③ Setze die fehlenden Buchstaben ein.

das Ta__i	der __ater	die Kur__e
die P__ramide	der __omputer	das Bab__
der __ogel	die He__e	der __ent

④ Schreibe zu jedem Bild das Wort.
Markiere die besonderen Buchstaben farbig.

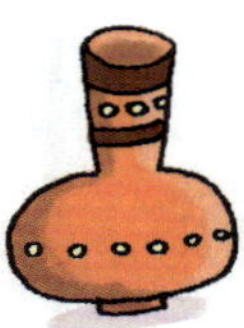

korrigiert:

Wörter zum Abschreiben (zu Seite 10)

Bruder	Stein
Kopf	Birne
Sonne	Wiese
Hund	Vater
Tasche	Nebel

Wörter „Fehler finden" (zu Seite 10)

Schwester Klasse Fuß Tisch Vogel Himmel

Sätze zum Abschreiben (zu Seite 29)

Der Elefant ist grau.

Der Igel frisst einen Apfel.

Kilian wird sieben Jahre alt.

Lisa und Peter spielen mit dem Ball.

Am Montag gehen wir schwimmen.

Sätze „Fehler finden" (zu Seite 29)

Wir machen heute einen Ausflug.

Im Zoo sehen wir viele wilde Tiere.